Selin

ich dichte also BIN ich

Poetry & Illustrationen

eW

Selina,

Jahrgang 2001, ist Psychologiestudentin mit einer großen Leidenschaft für Sprache und Lyrik.

Als sie im Sommer 2018, mit damals 17 Jahren, das erste Mal auf einer Poetry-Slam-Bühne stand, ahnte sie wohl nicht, welchen Raum das neu entdeckte Hobby schon bald in ihrem Leben einnehmen würde. War das Dichten anfangs noch eine Methode der Gedankensortierung und Verarbeitung vergangener Erlebnisse, wurde die Slam-Bühne schnell zu ihrem Sprachrohr für Aufklärung, Kampf gegen Stigmatisierung psychischer Schwierigkeiten und mutmachende Worte.

Die junge Autorin steht mittlerweile, nach einer langen, von vielen Umwegen geprägten und krisenbehafteten Selbstfindungsphase, mitten im Leben. Seither erzählt sie wortreich und in vielen Metaphern, aber zuweilen auch schonungslos ehrlich ihre Geschichte auf der Bühne. Um zu bewegen und um etwas zu verändern.

Viele berührende Gespräche mit Zuschauenden und anderen Betroffenen ermutigten die Nachwuchs-Poetin, an ihrem Ziel festzuhalten und ihre Chance zu nutzen, am Mikrofon Gehör zu finden für das, was für sie wirklich wichtig ist.

Selina

Poetry & Illustrationen

editionWort
PoetrySlam

Bibliografische Information Der Deutschen Bibliothek
Die Deutsche Bibliothek verzeichnet diese Publikation in Der Deutschen Nationalbibliografie: detaillierte bibliografische Daten sind im Internet über http://dnb.ddb.de abrufbar.

Edition: PoetrySlam | ART

editionWort - Schillstraße 83 - 66113 Saarbrücken

www.editionwortverlag.com | info@editionwortverlag.com
www.editionwort-verlag.de | info@editionwort-verlag.de

Hergestellt in Deutschland

Herstellung & Vertrieb:
BOD - Books on Demand, Norderstedt

Gedruckt auf 90g-Qualitätspapier.

Schrift: GaramondAntique

ISBN 978-3-936554-43-4

Für alle lauten und leisen
Träumenden, Kämpfenden, Querdenkenden
Chaosköpfe und unbelehrbaren Visionäre
da draußen.

LIEBEN
LEIDENSCH
AFT POESIE
KRAFTVERWIRKLICHUNG
GEFÜHLEVERAR
BEITUNG ÄSTHETIK
PHILOSOPHIE JETZT

Angefangen 8
Einfach mal loslassen 10
Nicht normal genug 15
Irgendwo da drin 23
Alles und Nichts – Ein Funken Hoffnung 28
Sandkorn 33
Don't be perfect – Ein Gespräch … 40
Elisabeth hat einen Hund 44
Grenzgängertage 48
(K)eine Lüge 57
Klar geht's mir gut … 62
Nur ein Klecks 69
Immer im Takt der Zeit 78
Und ich denke nach 84
Seelenvakuum – Kennst du das? 88
Nicht so einfach 91
Wald- und Wiesenträume 95
Vorhänge zu, Licht aus 98
Epilog 105
Verlorene Träume 107
Festungen, die einmal errichtet sind 115
Traum(a) 129

Angefangen,

mit großer Leidenschaft zu schreiben, habe ich 2018 nach einer langen, psychisch herausfordernden und von einer tiefgreifenden Identitätskrise geprägten Zeit in Jugendtagen, die mein Leben, aber auch mein Weltbild grundlegend verändert hat. Vielleicht war es die Suche nach dem „Ich“, die mich in die Hände der Poesie getrieben hat. Von der schmerzlichen Feststellung, mich selbst gar nicht wirklich zu kennen, hin zu der Erkenntnis: „Ich dichte, also BIN ich“.

Von der Angst vor mir selbst hin zum allerersten Schritt. Auf die Bühne. Hin zum ersten Wort ins Mikrofon, zum ersten Applaus und zum ersten Mal alles vergessen.

Das Schreiben war und ist seither ein wichtiger Teil meines Selbstfindungsprozesses und erfüllt mehrere Funktionen: Zum einen ist es wunderbar sinnstiftend und erfüllend, vielleicht auch ein Versuch der Verarbeitung.

Zum anderen habe ich aber aus dieser schwierigen Zeit auch unglaublich viel mitgenommen, das es wert ist, auf den Poetry-Slam-Bühnen des Landes Verbreitung zu finden: Botschaften, den Wunsch nach Aufklärung und mehr Menschlichkeit, aber auch die Erkenntnis meines persönlichen „richtigen Weges“. All das findet sich in meinen Texten wieder.

Manche reflektieren die Verzweiflung meiner schwierigen Vergangenheit (die ich ganz bewusst offen anspreche), andere die wiedergefundene Freude an den kleinen Dingen und ein ganz kleines Stück der Erkenntnis des großen Ganzen.

Für mich besonders wichtige Themen sind nicht zuletzt gesellschaftliche Missstände wie etwa Tabuisierung, Vorurteile oder Oberflächlichkeit, die dazu führen, dass der Einzelne mit seinen Bedürfnissen nicht gesehen wird.

In diesem Buch möchte ich, soweit es mir möglich ist, meine persönlichen Gedanken, Eindrücke und Erfahrungen weitergeben und so einen ganz kleinen Beitrag zu einer offeneren Gesellschaft leisten.

Am Ende des Ganzen steht eine einfache Botschaft: Descartes in allen Ehren, aber denken allein führt selten zum Ziel.

Was wir brauchen, ist Mut zum (Mit-)Fühlen.

Zum Nicht-Wissen. Zum Loslassen. Zum Leben.

Einfach mal loslassen.

Entspannung.
Vollkommene Entspannung.
Ich genieße das.
In der Hängematte liegen
sich sachte im Wind wiegen
und einfach mal
loslassen.

Die Seele baumeln lassen
bis die Gedanken mich verlassen
bis sie endlich verblassen
und einfach mal
loslassen.

Ich lasse alles hinter mir.
Der Stress des Alltags hallt noch leise in mir nach.
Drei Worte.
Ein Gedanke.
Ein Satz.

Ich bin frei.

***

Doch kaum zu Ende gedacht
kaum gelacht
kaum Zeit mit mir selbst verbracht
holt mich die Realität wieder ein.

Schmerz.
Stechender Schmerz
durchbohrt meinen Körper.

Die völlige Stille
wird von dem unerträglichen Lärm
meiner eigenen Gedanken übertönt.

Nie darf ich zur Ruhe kommen
niemals einfach abschalten
WANN Darf ich einfach mal
NICHT denken?

Fünf Worte.
Ein Gedanke.
Ein Satz.

Ich darf nicht frei sein!

Ich hasse diese Kraft
die mich in Ketten hält
die mich einfach
festhält
und nie wieder
loslässt.

Ich hasse dich dafür
du inneres Monster
dass du mir
immer und immer
und IMMER wieder auflauerst.

Du zwingst mich, zu denken
willst mich immer wieder lenken
sagst
denk' an dein Ziel!

Doch
vielleicht will ich gar nicht denken
vielleicht auch einfach mal
Zeit verschenken
ich will dich nicht kränken
aber
LASS' MICH IN RUHE!

Du lässt meine Gedanken kreisen
gewaltsam ziehen sie ihre Schneisen
als wolltest du mir beweisen
dass das Leben
ein Problem ist.

Noch ein paar mehr Worte.
Ein Gedanke.
Ein Satz.

Geh' hin, wo du herkamst
sonst …

Das Leben ist bunt.
Ich weiß das mittlerweile.
Leben. Lieben. Lachen.
Das ist, was ich wirklich will …

Lachen.
Lachen und einfach mal machen.
Nicht immer für alles Pläne haben.
Ich lass' mir nichts mehr sagen.

Denn …
Du hast mein Leben zerstört
mir die Freiheit genommen
ich habe nichts bekommen
nichts hab' ich dafür bekommen
außer Sorgen und Probleme.
In meinem Kopf sind bunte Farben.

Ich weiß
du kannst das nicht haben
aber ganz ehrlich?

***

Ich genieße das.
In der Hängematte liegen
mich sachte im Wind wiegen
den Stress des Alltags besiegen
und einfach mal loslassen.

Die Seele baumeln lassen
bis die Gedanken mich verlassen
bis sie endlich verblassen
und einfach mal loslassen.

Ich weiß
es liegt nicht in deiner Natur
aber weißt du was?

Ich
bin nicht du.
Ich bin nicht meine Gedanken
und du
kannst mich mal!

Der Weg ist das Ziel.
Du willst mich besitzen?

Dazu nur ein Wort.
Kein Gedanke.
Ein Satz.

NIEMALS!

Nicht normal genug

Ich
bin dir nicht normal genug
denn ich hab eine Meinung.
Nicht jeder will sie hör'n
doch ich bleib bei meiner Haltung.

Reden kann doch schließlich jeder
denke ich und plane
nach der Schule noch Projekte
für die Friedensfahne.

Ich
könnte so viel Freizeit haben
sagst du und verstehst mich nicht
aber, denke ich, dann sag's
mir bitte in's Gesicht.

Ich
bin dir nicht normal genug
in all den Situationen
in denen schwarze Seelenmonster
wieder in mir wohnen.

Wenn ich wieder grundlos weine
wenn ich düst're Zeilen reime
wenn mal wieder insgeheim
die Leere mich zerreißt.

Die
kann doch gar nicht wirklich krank sein
sagst du von da oben

Abgehoben
sitzt du da
und Witze machst du
Geistesblitze
sind dir nicht vergönnt.

Wie könnte auch
du kommst nicht drauf
das so perfekte Kind
dessen unbefleckte Seele
du die Unschuld selber nennst
das Leid der Erde in sich tragen
das du selbst nicht kennst?

Ich
bin dir nicht normal genug
denn ich bin dominant
ich bin zwar eine Frau
doch nicht so stilgewandt
bin weder schüchtern noch charmant
Nein
ich bin unentspannt

Für meine Redelust verkannt
Mund auf –
Verbrannt!

Ich will
die Welt verbessern
will alles vergessen
mich
nicht mit deinem Maßstab messen.

Das Chaos im Kopf
kannst du nicht seh'n
meine ewige Zerstreutheit
niemals verstehen.

Du
musstest nie so hart erkämpfen
dein ganz normales Leben zu leben
um
NICHT abzuheben
NICHT aufzugeben
NICHT zu erleben
was ich erlebt habe.

Das Gefühl ist dir ganz fremd
dass du
vor irgendwas in dir
wegrennst.

Mein Dopamin
gibt mir den Rest.
In meinem Kopf ein wildes Fest
doch das
verstehst du nicht.

Ich
bin dir nicht normal genug
denn
ich kann Zahlen fühlen.
Die Fünf ist groß und rot und rund.
Drei steht für Treue und Vernunft.

Du
hältst mich für komisch
für 'nen Streber, der die Nase
Tag und Nacht
in Bücher steckt.

Doch was ist
wenn ich dir jetzt sage
dass ich
keine Ahnung habe.

Und dass ich verdammt noch mal
NICHTS dafür kann
dass man sich seinen Kopf
nicht aussuchen kann.

Du
schaust mit deinen Augen
des Neides zu mir auf.
Bewunderst mich für meine Gabe
weil du wirklich glaubst
du hättest das gern auch.

In meinem Grundschultagebuch
steht irgendwo geschrieben:
Ich geb' dir meinen Kopf
und du gibst mir dein Leben.
Deal?

Stell dir vor
du wirst als zerstreuter Professor geboren.
Von Anfang an schon so
selig verloren …

Es ist wie
in Wackelpudding ertrinken
in der Schlagsahne versinken
den Ferrari im Kopf gegen die Wand fahren
im Modus „Energie sparen"
immer auf die Bremse treten.

Und doch
am praktischen Leben scheitern.

Du bist allein
du bist nicht besser
du bist einfach anders.

Sagst:
Ich kann das!
Aber dann hast du wieder
diese Enge in der Brust.

Du
bist einsame Spitze.

Doch
da oben ist die Luft schlechter
und du
kannst nicht mehr atmen.
stürzt ab
und fällst.

Ich
bin dir nicht normal genug
bin sicher ein Versehen
ich kann die Welt
in der ich lebe
einfach nicht verstehen.

Irgendwas ist schief gelaufen
nicht nach Bauplan
nicht wie immer
davon
wer ich wirklich bin
hat niemand einen Schimmer.

Ich
bin dir nicht normal genug
doch für die Schule reicht's
denn Interpretation und Logik
fall'n mir ziemlich leicht.

Sie sagen
ich hab Potential
doch glauben kann ich's nicht.
Es braucht nicht viel
bis mein Vertrauen
in mich selbst zerbricht.

Ich
bin dir nicht normal genug.
Denn ich bin nicht du.
Du bist nicht ich.
Und wir versteh'n uns nicht.

Nase zu hoch
Toleranz zu niedrig.
Redet zu viel
und erträgt zu wenig.

Weiß alles
kann aber nichts
und ich
fühle mich falsch.

Bis.
Zum heutigen.
Tag.

Aber eine Frage bleibt:
Wer hat das Problem?
Du?
Die Gesellschaft?
Oder ich?

Ich
bin dir nicht normal genug
denn
ich bin nicht wie du.
Wenn ich versuch', mich zu erklär'n
hörst du nicht richtig zu.

Ich
pass' nicht in die Norm
und ich
soll mich verändern.
Wie so oft gewinnt die Form
der Durchschnitt, an den Rändern
der Gesellschaft bleiben wir.
Die Außenseiter
und verlier'n
das Vertrauen in uns selbst.
Dabei sind wir doch alle
Bürger dieser Welt.

Oder?

Irgendwo da drin

Irgendwo da draußen.
Irgendwo da draußen
ruft die Heimat nach mir.
Aber wo soll das sein?
Ich weiß es nicht.
Ich bin allein.

So schallen meine zarten Lieder
in den stillen Wald hinein
und während leise Töne klingen
tropfen Tränen auf den Stein.

Fragende Sekunden stören
frech die ruhige Seelenruh'
und von der Finsternis verschluckt
hört keiner mir mehr zu.

Schatten werden immer dunkler
Schleier feuchten Nebeldunsts
legen sich um Berg und Täler
farblos scheint die hohe Kunst.

Wie entzaubert dazuliegen
tief im Schlaf, vom Dunst umhüllt
der Wunsch, den Fragen wegzufliegen
bleibt doch unerfüllt.

Ich erkenne sie nicht wieder
diesen Baum und jenen Stein
sie alle singen fremde Lieder
das soll Heimat sein?

Ich weiß nicht, wo ich hingehöre
ach, wo bin ich hergekommen?
Weiß es nicht, hab's nie gewusst
ist alles so verschwommen.

Ich hab' alles, was ich brauche
Freunde, Zukunft und ein Dach
über meinem Kopf und ach
mein Abi hab' ich auch.

Fast zumindest, aber das
hilft mir gerade auch nicht weiter
hilflos steh' ich vor dem Nichts
so zerbrechlich
fast zerbrech' ich
an den Lasten des Gewichts.

Das auf meinen Schultern thront
während ich in langer Weile
durch die große weite Welt
als kleiner Punkt so weitereile.

Kleine Teile meines Ichs
hier und da umher verstreue
und mich dann und wann
an einer ruhigen, stillen Nacht erfreue.

Weil ich dann nicht denken muss.
Nicht mehr laufen, nicht mehr suchen
nach dem Ort, den es nicht gibt
und den sie Heimat rufen.

Wer auch hört
den kleinen Punkt
in der großen, weiten Welt
wie er große, kleine Fragen
an sich selber stellt?

Heimat heißt zuhause sein.
Herkunft haben.
Wurzeln tragen.

Doch soll man nicht nach Antwort suchen
wo Fragen ihren Ursprung haben?

Es schallen meine zarten Lieder
in den stillen Wald hinein
und während leise Töne klingen
tropfen Tränen auf den Stein.

Fragende Sekunden stören
frech die ruhige Seelenruh'
und von der Finsternis verschluckt
hört keiner mir mehr zu.

Wer auch hört den kleinen Punkt
in der der großen weiten Welt
wie er große kleine Fragen
an sich selber stellt?

Niemand nämlich kann mir sagen
wo ich denn zuhause bin
weil der Ursprung dieser Frage
Tag für Tag ich selber bin.

Heimat ist Geborgenheit.
Zur Ruhe kommen.
Sich vertraut und angenommen fühlen.
Bedingungslos.

Was für ein hoher Anspruch …
Niemand Fremdes
wird den wohl je erfüllen können.
Kein Ort.
Kein Mensch.

Aber es gibt doch eine Person, die das kann.

Ich selbst.
Wir selbst.
Jeder für sich.
Denn wenn wir uns selbst kennen
wenn wir uns selbst lieben
dann sind wir frei.

Wenn wir es schaffen
uns selbst aufzunehmen
mit offenen Armen
in guten und weniger guten Zeiten
dann sind wir überall zuhause.

Und so ruft meine Stimme aus dem Herzen:

Zuhause, das ist überall
egal, wo ich grad' bin
solange man sich selber liebt
ist Heimat irgendwo da drin.

Alles und Nichts - Ein Funken Hoffnung

(Ein zunächst ziemlich pessimistisch anmutender,
harte Worte findender Text aus der Zeit, in der
vieles noch schwarz und weiß schien.)

Nichts.
Alles, was ich fühle
ist nichts.
Alles und nichts.
Das Nichts wird so schwer
Nichts ist so schmerzhaft
Nichts zehrt so sehr
an meinen längst schon verlorenen Kräften.

Leere.
Leere und endlose Schwere
lasten auf meiner Seele.
So sitze ich da
auf dem einsamen Stuhl
an dem einzigen Fenster
der Anstalt.

Getrennt von der Außenwelt sind wir für sie unsichtbar. Als Schatten wandeln wir auf unseren Fluren umher.

Rastlos, ratlos und immerzu hoffnungslos.

Alles was sie sehen
ist Elend.
Leid und Elend.

Alles, was sie sehen
ist ein leerer Blick
auf einem einsamen Stuhl
hinter dem einzigen Fenster
der Anstalt.

Genau wie das gelegentliche Lächeln, das meine glasigen Augen der Lüge überführen, ist auch die Farbe der Mauern nur Fassade. Ein bisschen ist es wie der Versuch einer Mutter, das aufgeschürfte Knie des Kindes mit einem bunten Pflaster vergessen zu machen.

Ich gehörte nie zu der Sorte Kinder, die an Märchen glauben. Seelische Wunden lassen sich durch Farben nicht heilen. Sie lassen sich nur besser verstecken, denn da draußen soll uns keiner sehen.

Grau ist nicht die Farbe dieses Lebens, nicht die Farbe unserer Zeit. Also zeichnen sie ein Bild der Freude über die Fassade der Anstalt, immer um den Eindruck bemüht, hinter den bunten Gemäuern sei eben dieses Leben zuhause, das keiner von uns je geführt hat.

All das in der Hoffnung, dass eines Tages ein kleiner Teil davon auf uns abfärben könnte.

Jeder weiß, dass es uns gibt, doch niemand sagt etwas. Dass wir anders sind, und dass wir deswegen hier sind. Keiner verliert ein Wort über diesen unerwünschten Teil der Gesellschaft.

Egal wie gut sie es verstecken: Ich und all die anderen hier, wir sind und bleiben anders. Sie können uns nicht sehen, aber ich beobachte sie.

Was ich sehe, ist Leben, lebendiges Leben.

Ich bin kein Teil davon, und vielleicht werde ich es niemals sein. Aber ich kann sie sehen.

Bin stiller Beobachter
auf dem einsamen Stuhl
hinter dem einzigen Fenster
der Anstalt.

Zukunft.

Die Menschen da draußen haben eine Zukunft.

Sie denken an morgen, an übermorgen und an das, was noch kommt. Und während sie an morgen denken, bin ich mit dem Heute überfordert.

Während sie in die Zukunft schauen, gehen meine Blicke ins Leere.

Das Nichts ist so still
dass ich selbst die Stille hören kann.
Das Nichts ist so präsent.
Nichts nimmt mich so sehr ein.
Nichts saugt alle Energie
aus meinem Körper.

Nichts wünsche ich mir mehr
als mich selbst zu spüren.
Denn alles, was ich fühle
ist Nichts.
Alles und nichts.

Da draußen sind die Menschen fröhlich, sind traurig oder wütend. Da draußen hat man Gefühle, aber hier gibt es keine.

Dabei lässt die Leere so viel Platz. Platz für mehr. Platz für so viel Leben, das ich nie gelebt habe.

Sie geben die Hoffnung nicht auf, dass all das irgendwann auf mich abfärben könnte.

Und vielleicht bleibt in all der Leere genug Platz für einen kleinen Funken Hoffnung, dass sie Recht haben.

Wenn ich so aus dem Fenster schaue, währt diese Hoffnung nicht lange. Denn ich gehörte nie zu der Sorte Kinder, die an Märchen glauben. Was also ist ein Hoffnungsschimmer gegen die Dunkelheit? Was bin ich gegen die Krankheit? So sitze ich da und fühle mich klein und gefangen.

Gefangen in meinem Kopf.
Auf dem einsamen Stuhl
hinter dem einzigen Fenster
der Anstalt.

Und ich frage mich, ob es Wunder gibt. Ich glaube nicht an Märchen, ich glaube nicht an das, was sie da draußen erzählen.

Ich glaube
nicht an die Hoffnung
ich hoffe
nicht auf den Glauben
und ich warte
nicht auf die Zukunft.

Aber sie kommt. Die Zukunft kommt, und dann werde ich mit dem Heute hadern, so wie ich heute mit dem Morgen kämpfe. Und ich kann heute nicht wissen, was morgen kommt.

Wo ich nichts
als Leere sehe
wird irgendetwas sein.
Ich weiß nicht
was noch kommen wird
vielleicht ein Funken Hoffnung.

Sandkorn

Morgens, 5:45 Uhr.

Der Wecker klingelt, ein neuer Tag.
Voller Energie greifen deine jugendlichen Hände
nach weiteren 24 Stunden Leben.
Du greifst alles, was du bekommen kannst.
Klammerst dich an jeden Funken
an jedes Sandkorn voll Zeit.

Aufstehen
anziehen
frühstücken
Haare machen
nebenbei die Tasche packen
wo ist denn die Zeit geblieben?
Hätt' ich mich nur krank geschrieben!
Nicht wie immer brav geschwiegen
aber nein, das darf nicht sein.

Also …
Schlüssel suchen
Schlüssel finden
Tschüss Mama!
Bus erwischen
durch den kalten Morgen laufen.
Ticket kaufen
sich verlaufen
ankommen
einsteigen
Ticket zeigen
hinsetzen.

Durchatmen.

Sandkorn
Sandkorn
Sandkorn
Sandkorn
Sandkorn
Sandkorn
Sandkorn
Sandkorn
Sandkorn
Sandkorn
Sandkorn
Sandkorn
Sandkorn
Sandkorn
Sandkorn
Sandkorn
Sandkorn

Es ist 6:45
und du bist außer Atem.
Atemlos.
Rastlos.
Ruhelos.

Kein Raum, kein Platz, keine Zeit.
Keine Minute, keine Stunde bleibt
der Sand, erinnernd an Sekunden
Augenblicke, Zeit gefunden
rinnt durch die leeren Hände
der Zeit.

Sandkorn um Sandkorn
schwindet die Stunde
schwindet das Leben
und schwindet die Kraft.
Ist es wirklich schon so spät?

Es ist Frühjahr, Ende März.
Du hältst dein Zeugnis in den Händen.
Ein neuer Lebensabschnitt.
Voller Tatendrang greifen deine Hände
nach weiteren aufregenden Jahren des Lebens.
Zuversichtlich blickst du
auf das, was jetzt kommt.

Feiern
studieren
arbeiten und promovieren
Job finden
Kinder kriegen
Haus bauen
wegfliegen
reich und berühmt werden
und EINMAL nach Australien!

Doch die Jahre vergehen
und du bleibst in deinem Alltag stecken.

Es wird Sommer
es wird Herbst
es wird Winter
es wird wieder Frühling.
Und es verändert sich nichts.

Denn es gibt ...
keinen Raum
keinen Platz
keine Zeit.
Keine Woche
kein Monat bleibt
der Sand, erinnernd an Sekunden
Augenblicke, Zeit gefunden
rinnt durch die leeren Hände
der Zeit.

Sandkorn um Sandkorn
schwindet das Jahr.

Schwindet das Leben
und schwindet die Kraft.
Ist es wirklich schon so spät?

Es ist Sommer.
Deine Kinder sind ausgezogen
und du arbeitest nicht mehr.
Du hast jetzt viel Zeit zum Nachdenken.

Wo ist denn all die Zeit geblieben?
Hat das Leben dir geschwiegen?
Oder ist das Leben laut
an dir vorbei gerauscht?

Bist du nur mit harten Schuhen
über heißen Sand gerannt?
Hast die Körner nicht bemerkt
doch dich daran verbrannt?

Zeit will wohl dosiert sein.
Wohl bemessen, nicht vergessen
nicht verschlungen, konsumiert
Zeit passiert nicht morgen früh
nicht gestern, sondern hier
und jetzt.

Bemerkst du
doch verletzt
stellst du fest
dass es jetzt vielleicht zu spät ist.

Du wünschst dir
du hättest deinen Kindern
von Sekunden erzählt.

Jedes Sandkorn genossen
geschätzt und gezählt.

Die Zeit
rinnt durch die leeren Hände.
Augenblicke, Zeit gefunden
der Sand, erinnernd an Sekunden
keine Minute
keine Stunde bleibt
kein Raum
kein Platz
keine Zeit.

Es ist Frühjahr
Ende März
5:45 Uhr.

Zum so vielten Mal schon in diesem Leben
und deine Hände sind leer.
Du greifst nicht mehr nach den Sternen
es bleibt kein Sandkorn mehr.
Du setzt dich nicht mehr zu Wehr
zu schwer wiegen die Lasten der Zeit.
An dir zieht der Sand der Ewigkeit
geronnen durch die Hand der Unendlichkeit
geflossen an einen Ort ganz weit
weg von der Wirklichkeit.

Und so holt das Meer
sich die Sandkörner wieder.
Sandkorn um Sandkorn
verschwindet die Zeit
und du kommst und gehst mir ihr nieder.

So war es.
So bleibt es.
Für die Ewigkeit.

Ist es wirklich schon so spät?

So schwindet die Stunde
schwindet das Leben
und schwindet die Kraft.

Sandkorn um Sandkorn.

Don't be perfect – Ein Gespräch mit meinem inneren Ich

Brief meines inneren Ichs an mich

WARUM bist du so gemein zu mir?
Du sagst mir, dass ich schlecht bin.
Du sagst mir, dass ich falsch bin.
Du sagst mir, dass ich nichts kann
außer leisten und liefern –
Manchmal.

Du bist nicht perfekt
doch du willst es werden
denn die Welt der Perfektion
ist dein Himmel auf Erden.

Und das Gefühl des Gut-Seins, denkst du
ja, das befreit, und
vielleicht hält jede Anstrengung
ein Wunder bereit
und du bist endlich perfekt.

Ich kann nicht anders, ich muss dich das fragen:
Warum holst du andauernd den Holzhammer raus
und schlägst damit ein auf das Noch-Kartenhaus
in dem dein Selbstwert wohnt?

Warum bist du jeden Tag auf's Neue so gemein?
Solltest du nicht vielmehr deine beste Freundin sein?
Behandelst mich, als wäre ich dein allergrößter Feind
verurteilst mich, weil dieser Vers
sich nicht vernünftig reimt …

Wer bist du, wenn ich fragen darf
und wer hat dir erlaubt
dich selbst so zu behandeln?
Du täuschst dich ganz gewaltig
wenn du allen Ernstes denkst
der Schaden, den du auslöst
geht alleine wieder weg …

Also – WARUM???

Warum tust du mir das an?
Warum tust du DIR das an?

Brief an mein inneres Ich

Warum bin ich so gemein zu dir?
Ich weiß, du kannst nicht anders
du musst mich das fragen:
Warum hol' ich andauernd den Holzhammer raus
und schlag' damit ein auf das Noch-Kartenhaus
in dem mein Selbstwert wohnt?

Warum bin ich jeden Tag auf's Neue so gemein?
Sollte ich nicht vielmehr meine beste Freundin sein?
Behandle dich als wärest du mein allergrößter Feind
Verurteil' dich weil dieser Vers
sich nicht vernünftig reimt …

DU HAST JA RECHT!

Warum tue ich dir das an?
Warum tue ich MIR das an?

Vielleicht
sollte ich mich freuen, einen Fehler zu machen
erst alles vermasseln und dann drüber lachen.
Ich beschließe, zu versuchen
einmal nicht perfekt zu sein.
Vielleicht bau' ich mal mit Absicht einen Fehler ein.

*** eingebauter Fehler ***

Ich bin nicht perfekt
und ich will es auch nicht werden
denn die ganzen kleinen Fehler
sind mein Himmel auf Erden.

Und das Gefühl des Mensch-Seins
wisst ihr was, das befreit
und vielleicht hält jeder Augenblick
ein Wunder bereit.

Wenn man nur aus dem Hamsterrad entkommt
und lernt zu leben.

Also mache ich Fehler und bin stolz darauf
denn durch die Perfektion
gibt man das Mensch-Sein auf.

Und danke, mein inneres Ich
dass du ehrlich zu mir warst
denn es hat sich gelohnt.
Und dieser Text versteht sich
als Freundschaftsangebot
und wenn dann mal wieder in Zeiten der Not
nicht alles rund läuft
erinnere mich an meine Worte.

Elisabeth hat einen Hund

Elisabeth hat einen Hund
mit dunklen Augen, groß und rund.
Und auch sein Fell so schwarz wie Pech
des Tieres Blick so klar, so echt.

Als Elisabeth noch klein
und glücklich, froh und fröhlich war
trat der Hund
in jenes kleinen Mädchens Leben
das soeben
einen neuen treuen Freund
an ihre Seite hat erträumt.

Der Hund weicht nicht von ihrer Seite
tagein, tagaus wandert er weite
Runden rund ums Haus herum
postiert sich vor der Haustür um
auch ja sofort zur Stelle sein zu können
wenn Frauchen sich rührt.

All das schätzt das kleine Mädchen
an ihrem neu gewonnenen Freund.
Doch …

Elisabeth wird älter
und merkt, dass dieser Teufelshund
schwarze Augen, groß und rund
nunmehr nicht von ihrer Seite weicht
und ihr den Weg bereitet
ab ins Tal der Dunkelheit.

Und von da ist's nicht mehr weit
weiß Elisabeth
von oben
nicht mehr weit
nach ganz unten.

Der Hund springt auf den Schoß und bellt
und prompt das kleine Kind verfällt
in eine Traurigkeit, die anhält.
Bei des schwarzen Monstertiers Anblick
in dessen Reviers Grenzen
man sich lieber nicht wagen sollte.
Denn man spricht im Allgemeinen
immer vom schwarzen Hund
der, wenn er kommt
so treu ist, dass du ihn ermorden willst
und all die Horden schwarzer Hunde
die da draußen noch so unterwegs sind.

Immer seltener noch
geht Elisabeth jetzt Gassi
seht was dieser Hund mit schwarzer Tracht
hat aus Elisabeth gemacht.

So ist es eine Schande
dass der einstmals kleine, süße Hund
zu der besonders dunklen Stund'
des Lebens von Elisabeth
in seines Frauchens Hand geriet.

Immer wenn der schwarze Riese
auf der großen, grünen Wiese
vor des kleinen Mädchens Haus
mit viel Anlauf schließlich aus
Entfernung angelaufen kommt
fällt das kleine Mädchen prompt
von ihren kleinen, zarten Füßen
mit den kleinen, pinken süßen
Kleine-Mädchen-Lieblingsschuhen
auf den harten, festen Grund.
Schuld daran?
Wer sonst …
der Hund.

Elisabeth fast jede Nacht
aus ihren Träumen prompt erwacht
auf ihrem Bett ein großer Schatten
doch sehen kann sie nur den matten
Umriss eines Ungeheuers
das mit ungeheuer großer
Energie die letzte Kraft
aus ihren Adern saugt wie Saft
bis sie es nicht einmal mehr schafft
aus ihrem Federkissenbett zu kommen
denn Elisabeth ist krank.

Der schwarze Hund
so heißt es immer
die Depression
die immer schlimmer wird
und sich schlussendlich dann
von der Leine reißt und man
sie nicht mehr kontrollieren kann.

Elisabeth ist einsam.
Ihr so sehr herbeigewünschter Freund
wurde ihr größter Feind
bis eines Tages, viele Jahre waren vergangen
und aus dem kleinen Mädchen
war eine junge Frau geworden
Elisabeth beschließt …

***

Ich
hatte einen schwarzen Hund
mit dunklen Augen, groß und rund.
Jetzt ist er an der Leine
und ich bald hoffentlich

GESUND.

Grenzgängertage

Es ist wieder einer dieser Tage.
Einer dieser schwarzen Tage
einer dieser Tage
an denen ich mich frage
wofür ich eigentlich kämpfe.

Es ist einer dieser tiefschwarzen Grenzgängertage
die ich viel zu gut kenne
und dennoch ertrage ich
mit allergrößter Mühe
nur die brennenden Tränen auf den Wangen
die mal wieder mir von damals erzählen.

Ich konnte mich nicht wehren
und ich war doch noch so klein
und wieder ist's wie damals
fühl' mich hilflos und allein.
Fühl mich falsch und fühl mich anders
weil sie mich mit ihren Blicken
jeden Tag bestraften
bis ich glaubte zu ersticken.
Sie raubten mir den Atem
und ich fühlte mich verraten.

Mit Füßen getreten
sitzt der Schatten meiner Seele
auch heute wieder da
und stellt die Überlebensfrage
denn es ist mal wieder
einer dieser Grenzgängertage.

Ich will nicht mehr
für alle Zeit ein Seelenwandler sein.
Die Grenze zwischen Freud und Leid
ist meine Borderline …

Die Leere frisst mich langsam
aber sicher auf von innen.
Ich kämpfe einen Kampf
aber ich kann ihn nicht gewinnen
denn immer wenn ich glücklich bin
dann kommt der eine Tag
an dem mich die Vergangenheit
mit einem harten Schlag
mitten ins Gesicht trifft.

Dann kommt er, der Flashback
und noch bevor ich mich
mit Logik und Verstand
dagegen durchsetze
bin ich ins tiefe Loch des Bodenlosen
einfach eingebrochen.
Hab' mein Versprechen von Beherrschung
schon wieder gebrochen.

Das Eis ist dünn auf dem Seelen-See
und wenn man ein paar Schritte
weg vom Ufer geht
dann ist es schon geschehen.

Die Seele liegt in Scherben
die alles, was mal glücklich war
dunkel verfärben
bis nichts mehr von mir bleibt
als eine tiefschwarze Leere
da, wo bei Gesunden
eine Seele wäre.

Es ist wieder einer dieser Tage.
Einer dieser schwarzen Tage
einer dieser Tage
an denen ich mich frage
wofür ich eigentlich kämpfe.

Wenn sie mich da so sitzen sehen
sagen sie
ich hätte mein Leben nicht im Griff –
„Die ist doch krank, jede Wette!"
„Ja, das bin ich"
denk' ich dann immer insgeheim
und rette in allergrößter Not meine Reputation
versuch' es mit 'nem Pokerface
dann passt das schon.

Denke ich und fühle mich
wie hinter einer Wand
aus milchigem Glas
aus dem Leben verbannt.

Ausgebrannt
steh' ich am Rand
kein Land
keine Hand
legt sich tröstend in die meine.

Mit Füßen getreten
sitzt der Schatten meiner Seele
auch heute wieder da
und stellt die Überlebensfrage
denn es ist mal wieder
einer dieser Grenzgängertage.

Sie sagen
auch ich sei einer dieser Weltenwandler.

Und so gehe ich allein
wandle zwischen zwei Welten
zwischen zwei Fronten.

Krankheit und Gesundheit
Genie und Wahnsinn
Euphorie und Depression ...
Wandle zwischen zwei Welten
oft auf der Grenze
und kenne mich selbst
doch kaum mehr als Mensch.

Es gibt nur
schwarz und weiß
kalt und heiß.
Sie fragen
wer ich bin, ich sag
ich rate
glaube
weiß
es nicht.

Brodelnde Gefühlspaläste
abgelöst von stechender
jedes Glück zerbrechender
Stille und Leere
machen mein Leben zum Kampf.

Aber irgendetwas in mir
macht immer weiter.

Immer
und immer
wieder.

Ich weiß nicht, was es ist
aber es ist
bunt und ästhetisch
kunstvoll und poetisch.
Es füllt die Leere in mir
mit Wut, Schmerz, Glück oder Freude.
Alles ist besser, als gar nichts zu fühlen …

Ich will nicht mehr für alle Zeit
ein Seelenwandler sein.
Die Grenze zwischen Freud und Leid
ist meine Borderline …

Und ich sitze dazwischen
im luftleeren Raum
gefangen in Gefühlsmauern
aus Stacheldrahtzaun
doch kaum …
gibt man mir einen Stift
und lässt mich dichten
ist die ganze, große Leere
schon ein kleines bisschen kleiner.
Und beinahe bin ich
so was wie
glücklich.

Kunst ist mein Medium
macht Grenzen zu Entgrenzung
Fesseln zu Entfesselung
und mich wieder lebendig.

Ich nehme meinen Stift
und schreibe diese Lieder
als die unaussprechlichen
Geschichten nieder.

ANGSTVE
RZWEIFLU
CHAOS
IM KOPF

Und wieder
ist einer dieser Tage.
Einer dieser schwarzen Tage.
Einer dieser Tage
an denen ich mich frage
wofür ich eigentlich kämpfe.

Doch …
Schreib' ich ein Gedicht
geb' ich dem Monster in mir
damit endlich ein Gesicht.

Sie haben's nicht geschafft
den Funken zu vernichten
denn was mich am Leben hält
sind nicht alte Geschichten.
Nein, ich nehme meinen Stift
und schreibe neue, mitnichten
bin ich tot, nein ich lebe
bin geboren um zu dichten.

Das ist meine Dichterpose
mein Moment
und nur, wer seine eigenen Geschichten kennt
kann sie dann zu Gedichten verdichten.
Die Leere vernichten
und das Chaos im Kopf wieder richten.

Und wenn
dann wieder einer dieser Tage ist
einer dieser schwarzen Tage
einer dieser Tage
an denen ich mich frage
wofür ich eigentlich kämpfe
schreibe ich:

Eine Zeile.
Eine Strophe.
Ein Gedicht.

Jedes Wort hat nun Gewicht.

Und aus innerer Leere
wird Licht.

Denn Poesie
kennt Grenzen nicht.

(K)eine Lüge

Ich hab' ein Geheimnis, das fängt mit A an
und hört mit DHS auf.
ADHS. ach du heilige Sch****.
Hiermit ist es amtlich.
Ich bin eine Lüge.
ADHS ist eine Lüge, sagen sie.
Mein Problem ist also eine Lüge.
Mein Leben ist eine Lüge.
ICH bin eine Lüge.
Die ADHS-Lüge.

Ich darf es nicht laut sagen
sonst kommt die Anti-HS-Initiative
besorgter, alternativer
Verschwörungstheoretikerhelikoptereltern.
Aufgehetzt vom Internet, vom Fernsehen
und vielleicht von dir.

Sagen wir sie hätten Recht
meine Probleme gar nicht echt
wär' es dann nicht nur gerecht
wenn sie einen auf den Deckel kriegen würde
diese Pharmaindustrie
die Ritalin preist als Wundermedizin
die als Beruhigungspille dient?

Für all die Kinder, die noch immer
nicht aus ihrem Kinderzimmer
dem Computerspiel entrissen
durch den A****tritt ihrer Eltern
die an der Erziehung scheitern …

Wäre das nicht nur gerecht?
Jaa, das wär' doch gar nicht schlecht!
Wenn die Probleme gar nicht echt
wenn ich nicht krank
nur einfach schlecht wär' …

Ach, wie das Leben einfach wär'!
Dann wär' die Lösung nicht weit her
denn ADHS ist eine Lüge
– sagen sie –.

Wenn ich das verstehe, ist mein Problem gelöst
– sagen sie –.

Denn …

Lässt man die Kinder Kinder sein
verschwindet das von ganz allein!
Behaupten revolutionäre
Mütter, denen lieber wäre
alle Kinder meiner Sorte
ja, so lauten ihre Worte
gingen auf die Sonderschule!

Da wo alle „Drogenkinder“
Disziplin und Stillsein lernen
bis sie alle noch so fernen
Folgen Ritalinkonsums
rauf- und runterbeten wissen
bis es tief in dem Gewissen
der armen Kinderlein verankert.

„Vater unser im Himmel.
Unsere tägliche Tablette gib uns heute …

Kopfschmerzen und Übelkeit
Herzschmerzen von Zeit zu Zeit
Appetitverlust und Ängste
nur vorübergehend? Denkste!

Dazu noch Halluzinationen
Schlaganfall und Leberschäden
manchmal auch noch Depressionen
es soll sich ja auch richtig lohnen!

Und am Ende bist du tot
Ritalin – und sie seh’n rot.

Denn, liebe Pharmaindustrie
dein ist das Monopol
und die Verschwörung
und die Verlogenheit
in Ewigkeit.
Amen.“

Und du?
Machst trotzdem Abitur?
Fragen sie und wundern sich
wie denn ausgerechnet ich
die diese Diagnose hat
und das jetzt auch noch laut gesagt
auf dem Gymnasium gelandet …

Wer so denkt, dem lasse eins gesagt sein:

ADHS ist keine Schublade
die man auf- und wieder zumacht.
Sie ist nicht der Inbegriff schlechter Erziehung
sondern ein Zeichen mittelgradig
verhaltensauffälliger Neurotransmitter
die nicht das tun, was sie sollen.

Das hat Hand und das hat Fuß
wer's nicht glaubt, schönen Gruß
von meiner Psychiaterin
die zweifelsohne sagen wird
dass das böse A-Wort nicht
mit Dummheit gleichzusetzen ist!

Festzuhalten bleibt:

ADHS ist keine Lüge.
ADHS hat mich fertig gemacht
ich wurde dafür ausgelacht
und doch bin ich nicht schlecht erzogen.
Okay, mal ernst jetzt, ungelogen
hab' mich Tag für Tag verbogen
um in das System zu passen
damit die and'ren mich nicht hassen
damit sie mich in Ruhe lassen
damit sie nicht merken
dass ich in anderen Welten lebe.

Aber immer öfter bin ich hier, auf dieser Erde
und stehe auf der Bühne.
Und das ist das größte Geschenk
das ADHS mir machen konnte.
Denn wenn man lernt, damit umzugehen
dann landet man oft da
wo alle ein bisschen verrückt sind …

Wo also wäre ich besser aufgehoben als in der Kunst?

ADHS hat mich diesen Text schreiben lassen
ganz schön kompliziert also …

Ich sag' nur: ADHS – Ach du heilige Sch**** …!

Klar geht's mir gut …

Eins

Du
sitzt in deiner Ecke
auf dem kalten, grauen Boden
die Seiten deines leeren Hefts
sind trostlos und verbogen.

Du
findest keine Worte mehr
für das, was du da fühlst
ist das, was du da fühlst
denn überhaupt noch ein Gefühl?

Fragst du und fühlst dich leer.

Die
Tintenfeder liegt an deiner
Seite auf dem Boden
es tropft die Tinte auf die Fliesen und
die Spitze längst verbogen
du bist sprachlos
so leer, so ausgelaugt.

So tot.

Zwei

Du
zückst dein Smartphone
mit dem letzten Bisschen Körperkraft
versuchst die Illusion zu wahren
du hättest was geschafft.

Du
denkst auf Instagram bemerkt ja keiner
wie du da so sitzt
das Häufchen Elend in der Ecke
weinend und verschwitzt.

Du
suchst ein altes Foto raus
von dir allein am See
schreibst „Hallo Leute, na was geht?"
und drückst auf „Beitrag posten".

Drei

Deine beste Freundin, die dich irgendwie nie am See trifft, sorgt sich um dich, kommt vorbei, findet dich so zusammengekauert am Boden und fragt:

Ich habe deine Story
auf Instagram gelesen
aber irgendwie
beschleicht mich das Gefühl
du bist nie da gewesen.

Hey, was ist nur los mit dir?
Fragt deine Freundin ganz besorgt
doch du schaust nur betreten weg
und sagst erstmal kein Wort

„Klar geht's mir gut"
sagst du nach einer langen Weile

Du
lächelst gezwungen
schaust deiner Freundin
mit Mühe und Not ins Gesicht
sie glaubt es nicht und fragt ob du
es wirklich auch versprichst.

Du
weißt, das kannst du nicht.

Vier

Du
meldest dich im Unterricht
bei jeder schweren Frage.

Du
leistest, lieferst
unbemerkt
bleibt deine schwere Lage.

Die Not spricht tief aus deiner Seele.

Du
bringst sie zum Schweigen
undenkbar scheint dir der Gedanke
deine Emotion zu zeigen.

Also … lieber still bleiben
Heile-Welt-Stories schreiben
dich innerlich aufreiben
leise in den Abgrund treiben
wo dein Leid verborgen bleiben wird.

Und was, wenn es kein Morgen geben wird …?

Fünf

Ich
saß in meiner Ecke
auf dem kalten, grauen Boden
die Seiten meines leeren Hefts
war'n trostlos und verbogen.

Ich
fand keine Worte mehr
für das, was ich da fühlte
war'n das, was ich gefühlt hab'
überhaupt noch Gefühle?

Fragte ich und schrieb es auf
die trostlos weißen Seiten drauf
und das große Fragezeichen
füllte nun die leeren Seiten
mit meinem stillschweigenden Schmerz.

Die Not sprach tief aus meiner Seele
ich bracht' sie nicht zum Schweigen
stattdessen fing ich schließlich an
sie endlich aufzuschreiben.

„Nein, nichts ist gut!"
sagte ich zu meiner Freundin.

„Aber das ist okay.
Muss denn immer alles gut sein?"

Ich
ging auf Instagram
machte ein Foto
der ausgelaufenen Tinte
auf dem kalten, grauen Boden
schrieb „Klar geht's meiner Depression gut!"
und drückte auf „Beitrag posten".

Ich
fühlte mich ein kleines Bisschen erleichtert.

Eins
Du findest keine Worte mehr.
Zwei
Die Worte, die du findest
sind von Instagram diktiert.
Drei
Deine Freundin weiß mehr, als du denkst.
Vier
Tief im Inneren weißt du es auch.
Fünf
Und ich?

Ich
frage mich, wie es so weit kommen konnte.
Mir geht es besser, und du?

Du
saßt Tag für Tag allein in deiner Ecke.
Es tut mir leid, dass ich nichts tun konnte.

Du hast nie etwas gesagt!
So wie ich es viel zu lange nicht getan habe.

Und Instagram sagt, du warst glücklich!

Vielleicht haben wir alle
nicht genau genug hingeschaut?

Oder vielleicht hast du dich zu gut verstellt?

Mir geht es mittlerweile besser und ich weiß
dass ich nicht allein bin.
Und dennoch stehe ich jetzt hier
und bin mal wieder sprachlos.
Ohne Worte, wenn ich an deine Bilder denke
und ich frage mich

was Ich falsch gemacht habe.

Nur ein Klecks

Grün.
Du bist eine hoffnungslose Optimistin.
Bist wie meine grüne Ampel
wenn du da bist geht es weiter
du machst anderen Mut
dank dir wird alles gut.

Schnitt.

Allein.
An einem stillen Ort.
In einer stillen Zeit.
Mit dir.

Du fragst:
Was machst du hier?
Das Leben, das du lebst
gehört nicht dir
wie dir
so geht's auch mir.

Und wir …
malen jeden Tag auf's Neue
mit den gleichen grauen Farben
und der Alltag hinterlässt
in seinem Rhythmus seine Narben.
Jeden Tag der gleiche Schmerz.
Der gleiche schwarze Fleck
auf deiner bunten Seele
der dein wahres Ich bedeckt.

Ein Klecks.
Auf deiner Seele
auf unserer Seele ein Klecks.
Nichts wächst.
Nur gähnende Leere.
Nur Grau, nur Schwere
auf deiner Seele
auf unserer Seele
ein Klecks.

Du bist gefangen.
An einem unfreien Ort.
In einer unfreien Zeit.
Mit dir.

Schnitt.

Gelb.
Du stehst gerne auf der Sonnenseite.
Dein strahlendes Lächeln steckt andere an
und wenn du lachst
fang' auch ich zu lachen an.
Das Leuchten deiner Seele
erhellt die Nacht.
Ich hab selten so gespürt
welche Macht ein Lachen hat.

Schnitt.

In einem kleinen Käfig
aus Gefühlen und Gedanken
bringen Sorgen und Zweifel
deinen Selbstwert ins Wanken.
Und eingesperrt vom Alltag
in den Käfig der Routine
bleibt dir keine Luft zum Atmen
bleibt nur Raum für Gedanken …

Nicht nur gute
auch die kranken.
Doch Gedanken sind Gedanken
die sich um die Freiheit ranken
dir für dieses Leben danken
und dir flüstern, dass der Käfig
in dem deine Seele steckt
nur so lange Bestand hat
bis du dich selbst entdeckst.

Schnitt.

Rot.
Du bist ein warmer Mensch.
Bist sensibel.
Emotional.
Kannst Streit nur schlecht ertragen
willst Liebe in die Welt tragen
deinen Mitmenschen endlich sagen
dass sie gut so sind
wie sie sind.

Rot …
Steht für die Wärme in dir.

Schnitt.

Die Farben deiner Seele
sind ein Teil deines Ich's
doch davon versteht leider
dein Alltag nichts.
Du sprichst mir aus der Seele
wenn du sagst „Das bin ich nicht!"
Das Leben, das ich lebe
trägt nicht mein Gesicht.
Das Gewicht
auf deinen Schultern
trägst nur du ganz allein.
Die Frage aller Fragen
ist doch „Wer willst du sein?"
Willst du normal sein
oder glücklich?
Funktionieren
oder leben?
Kann man sich realisieren
ohne nachzugeben?

Jeder Klecks
auf deiner Seele
ein unbekannter Teil
deiner inneren Werte
die am Ende zu dir
und deiner Persönlichkeit werden.

Noch ist da
ein Klecks
auf deiner Seele.
Auf unserer Seele ein Klecks
nichts wächst
nur gähnende Leere

Nur Grau, nur Schwere
auf deiner Seele
auf unserer Seele
ist manchmal ein Klecks.

Aber es ist nur ein Klecks
und wir sind bunt.
Jede Farbe
ein Teil von uns.
Und letztlich entscheiden wir doch selbst
ob wir bunt sind
oder grau.
Ob wir normal sind
oder glücklich.
Es liegt in unserer Hand.

In deiner
und in meiner.

Entscheide über dein Leben.
Lass' Alltag und Routine
nicht zu deinem Leben werden.
Und sei du selbst.

Du bist bunt.
Nicht grau.

**Wir sind bunt.
Nicht grau.**

Immer im Takt der Zeit

Stille.
Das Herz klopft.
Es rauscht.
Poch, poch, es klopft.
Unerbittlich.

Blitz.
Einundzwanzig.
Zweiundzwanzig.
Donner.

Es grollt in uns.
Ein reißender Fluss
rauscht durch unsere Adern.
Der Damm ist gebrochen.
Ein Gewitter.
Elektrischer Impuls.
Explosionsartige Entladung.
Stille.
Elektrischer Impuls …

Das Herz schlägt und schlägt.
Wie ein inneres Pendel
gibt es dem Leben seinen Takt.

Je mehr wir versuchen
es zu vergessen
desto lauter wird es.

Wir sind leise.
Es ist still.
Für eine Sekunde.
Für zwei.

Wir horchen in uns hinein.
Noch ein Schlag.
Da ist es wieder.
Das Herz pocht.
Es ist der Puls des Lebens.
Einundzwanzig.
Zweiundzwanzig.
Dreiundzwanzig.
Stille.

Wir spüren
wie jeder einzelnen Faser unseres Körpers
Leben eingehaucht wird.
Wir spüren den Takt
werden eins mit der Natur.
Mit unserer Natur.

Was wir auch tun
wir bleiben im Fortlauf des Lebens.
Es passiert ganz automatisch
ohne unser Zutun.

Ich denke, also bin ich.
Ich bin, also lebe ich.
Ich atme.
Ich falle.
Wir fallen.

Die vierte Dimension.
Wir können ihr nicht entfliehen
wir bewegen uns in ihr fort.
Linear.
Unerbittlich.

Mit Lichtgeschwindigkeit
fallen wir durch die Zeit.
Unser Körper fällt.
Unsere Seele folgt unauffällig.
Kaum ein Atemzug
trennt die Existenz vom Nichts.
Es ist, als könne unsere Seele
sich für einen kurzen Augenblick
dem Unausweichlichen entziehen.

Der Satz des Pythagoras besagt es
man kann vor der Zeit weglaufen
man muss nur schnell genug sein.
Doppelte Lichtgeschwindigkeit gibt es nicht
denn alles ist relativ …

Die Zeit steht still.
Unser Geist hat unseren Körper verlassen.
Unsere Körperlichkeit
hält uns gefangen in den Ketten der Zeit.
Ein kurzer Moment nur
unsere Seele ist frei.

Wir betrachten unseren Körper von außen.
Wir erheben uns
über die Grenze des Materiellen
und sind frei.

Stille.
Das Herz klopft.
Doch es bleibt still.
Einundzwanzig, zweiundzwanzig.
Wir sind nicht mehr Teil des Systems.
Nur für einen kurzen Moment.
Wir sind eine Seele, die einen Körper beseelt.
Wir spüren den Rhythmus des Lebens.
Doch sind wir dieses Leben?
Oder erleben wir es nur?

Es ist wie der kurze Traum von der Freiheit
und er ist doch so wahr.

Stille.
Das Herz klopft.
Unerbittlich.
Einundzwanzig.
Zweiundzwanzig.

Elektrischer Impuls.
Wir spüren den Takt des Lebens.
Werden wieder eins mit der Natur.
Mit unserer Natur.

Was wir auch tun
wir bleiben im Fortlauf des Lebens.
Körper und Seele in Harmonie mit der Zeit.
Es ist seelenruhig in uns.
Wir sind endlich
der Zahn der Zeit nagt an uns.
Wir leben.
Wir atmen.
Stille.

Es bleibt still.
Vielleicht bleibt es am Ende still.
Das innere Pendel kommt zum Erliegen.
Der Puls des Lebens schlägt nicht mehr.
Zeit ist endgültig.
Unumkehrbar
und unerbittlich.

Einundzwanzig.
Zweiundzwanzig.
Dreiundzwanzig.
Nichts.
Vierundzwanzig.
Fünfundzwanzig.

Stille.
Unser Leben ist endlich.
Die Zeit kennt keine Gnade.

Wir kommen.
Und wir gehen.
Immer im Takt der Zeit.

Und ich denke nach –
Die Frage nach dem Sinn

Sie sagen
ich denke zu viel nach.
Ich hab' zu viele Fragen
und ich stelle sie zu selten.
Ich will immer alles wissen
doch in meinen Welten gelten
andere Regeln.

Und auf alle meine Fragen
hat das Leben keine Antwort.
Ja, und alle diese Fragen sind
nicht mehr als nur ein Vorwort
zu der Frage nach dem Sinn.

Auf der Suche nach der Antwort
die das Leben nicht bereithält.

Und ich denke nach.
Was passiert
wenn wir alle eines Tages
einmal nicht mehr leben werden
wenn wir alle eines Tages
in Vergessenheit geraten
wenn sich alle eines Tages fragen
wer wir war'n.
Wenn ja, wie viele.

Sie sagen
ich denke zu viel nach.
Ich hab' für meine Ziele einfach
viel zu viele Zweifel.

Hat vielleicht alles einen Sinn
den ich nur nicht begreife?
Wenn das Leben uns was fragt
schickt man doch Antwortbriefe.
Doch von all dem trennen mich
noch viel zu viele Konjunktive.

Was wäre wenn? Hätte, könnte, müsste …
Und wozu das alles?
Wenn es wirklich einen Sinn gibt
dann versteckt er sich gut
und ihn einfach nicht zu suchen
dazu hab ich nicht den Mut
denn ich brauche einen Grund.

Ohne Grund zu leben
ist wie Weihnachten ohne Geschenke.
Warum feiern wir
wenn am nächsten Tag alles vorbei ist?
Wenn nichts mehr an das Gewesene erinnert
als ein paar vertrocknete Tannennadeln
unter dem längst schon gestorbenen Baum?

Wenn das Leben nicht viel mehr ist
als ein kurzer, schöner Traum
an den wir uns am nächsten Morgen
nicht mehr erinnern?

Vielleicht hat das Leben
auf alle diese Fragen keine Antwort.
Ja, und alle diese Fragen sind
nicht mehr als nur ein Vorwort
zu der Frage nach dem Sinn.
Auf der Suche
nach der Antwort
die das Leben nicht bereithält.

Und eines Tages
stellen wir uns diese Fragen nicht mehr
weil wir alle dann
vielleicht schon morgen
nicht mehr leben werden.
Weil wir alle eines Tages
in Vergessenheit geraten.

Weil sich dann unsere Liebsten fragen
Wer wir war'n.
Wenn ja, wie viele.

Und vielleicht war dann
das Leben wirklich nur ein Traum
und vielleicht nicht mal ein schöner
auf den es lohnt, zurückzuschauen.

Vielleicht werden dann unsere Liebsten fragen
worin denn der Sinn gelegen hat
in unserem Leben.
Hätten wir doch mehr gemacht
statt nur zu überlegen.

Und erst, wenn alles vorbei ist
erkennen sie:

Die Suche nach dem Sinn
hat uns nicht weit gebracht.
Hätten wir doch mehr gelebt
statt drüber nachgedacht.

Seelenvakuum - Kennst du das?

Totenstille.
Pechschwarzer Himmel.
Eiskalter Nebel
verziert das nächtliche Gemäuer
der alten Ruinen.

Kennst du das, wenn du dich
selbst nicht mehr zu kennen glaubst?

Es ist schon Abend
und mir schwindet die Stärke.
Schon ist es zu spät
als ich endlich merke
dass das nicht mehr ich bin.

Die Augen, in die ich schaue, sind nicht meine.
Das Gesicht nur eine Maske
und das Lächeln nur Fassade.
Es sind MAUERN
die ich um mich errichtet
ich bin einsam
verdammt noch mal
einsam!

Seelenvakuum.
Endlose Leere breitet sich in mir aus.
Der emotionsleere Raum
zehrt an der Fassade
die langsam aber sicher bröckelt.

Tiefschwarz die Nacht
die mir flüstert leise
worum ich in Gedanken
seit Tagen schon kreise
dass das nicht mehr ich bin.

Die Augen, in die ich schaue, sind nicht meine.
Das Gesicht nur eine Maske
und das Lächeln nur Fassade.
Es sind MAUERN
die ich um mich errichtet
bin verloren
verdammt noch mal
verloren!

Kennst du das
wenn du innerlich zu erfrieren glaubst?

Wenn das Feuer der Seele
weicht dem Herz aus Eis
das jeden Versuch der Befreiung
im Keim erstickt?

Es ist Nacht geworden.
Lange schon ist es Nacht geworden
und ein Blick nach draußen
tut der Verzweiflung Genüge.

Ich bin nur ein Zahnrad
im Seelengefüge
und ich erkenne
dass das nicht mehr ich bin.

Die Augen, in die ich schaue, sind nicht meine.
Das Gesicht nur eine Maske
und das Lächeln nur Fassade.
Es sind MAUERN
die ich um mich errichtet
bin verloren
verdammt noch mal
verloren!

Eiserne Ketten
nehmen mir die Luft zum Atmen.
Der Mond scheint hell
doch ich kann ihn nicht sehen
denn diese Augen sind nicht meine.

Totenstille.
Pechschwarzer Himmel.
Eiskalter Nebel
verziert das nächtliche Gemäuer
der alten Ruinen.

Es ist schon Nacht, und du glaubst
dich selbst nicht mehr zu kennen.
Kennst du das?

Nicht so einfach

Du
sitzt schon wieder im Dunkeln.
Du
starrst schon wieder ins Nichts.
Verlierst schon wieder die Hoffnung
bist schon wieder allein.

Sie
sehen dich.

Wie du tagein, tagaus
in diesem immer gleichen Zimmer
die Zeit verstreichen lässt
und nie mehr glücklich wirst
für immer
in deinem Kopf gefangen.

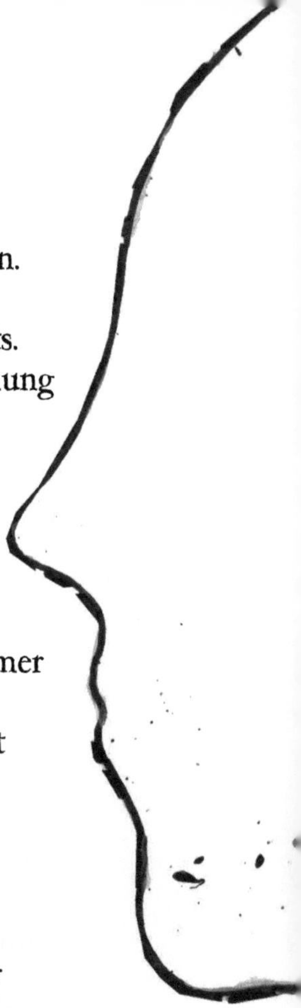

Sie sagen:
Geh doch mal raus
und mach die Vorhänge auf
dann wirst auch du wieder glücklich.
Nein das IST nicht so einfach.

Denkst du und sitzt im Dunkeln
wie so viele lange Tage.
Wie so oft stellst du auch heute
diese immer gleiche Frage
nach dem Sinn deines Kämpfens.

Sie
sehen dich schon wieder im Dunkeln.
Du
starrst schon wieder ins Nichts.
Sie
sehen die Hoffnung verschwinden.
Du
bist schon wieder allein.

Und sie fragen, was du hast
dir geht's doch eigentlich gut.
Du
hast's doch eigentlich leicht
gute Noten, das reicht.
Schlechte Stimmung, sagen sie
gehört manchmal dazu.

Du
kannst dich kaum mehr beherrschen
das IST nicht so einfach!

Jeder ist mal traurig, sagen die
die Liebeskummer haben
und jeden Morgen sich beklagen
weil sie keine Zeit für Make-up haben.
Aber du …

Du
bist nicht traurig.
Bist nicht einfach nur traurig.
Nein
sagst du.

Ich
bin nicht einfach nur traurig.
Für viele Jahre war mein Leben
nichts als Illusion.

Und, liebe Mitmenschen
seit Jahren schon
versucht ihr mir zu raten:
Sei doch einfach mal glücklich …

Glaubt mir
ich sehne mich danach
aber leider
ist das Leben machmal
nicht ganz so einfach.

Wald- und Wiesenträume – Dichter sein

Grüne Gräser
sanfte Sonnenstrahlen
wärmen meine Wangen
und nach vielen
viel zu langen Wintertagen
kann ich nun
endlich einmal Gutes tun
meiner allzeit befangenen Seele.

Die ersten Bienen summen
und versüßen mir die Tage.
Und ich, so friedlich sitzend, frage
ob nun der Winterschlaf beendet.

Vögel zwitschern
Grillen zirpen
Gräser wehen
Menschen gehen
endlich wieder in die Gärten
Hunde bellen, Bäume werden
endlich wieder bunt.

Und auch meine Dichterseele
die ist dem Träumen nah
mein lyrisches Ich schmilzt vor Freunde dahin
und möchte singen
möchte weinen
möchte springen
möchte seinen Hochmut niederschreiben.

Und meine Dichterseele
die wünscht, hinfortzuschweben
möchte singen
möchte sein
möchte leben
möchte ein Dichter sein.

Wenn der Wind
durch meine Haare bläst mit sanftem Druck
und mir flüstert, was es heißt zu leben
werden meine Träume wahr.

Und ich sitze und ich schließe
meine Augen und genieße
dieses neu erwachte Leben.
Und ich träume und beschließe
zu erschaffen.

Jedes Fleckchen dieser Erde
eine neue Kraftquelle
eine Welle voller neuer Energie
und Leidenschaft.

Und meine Dichterseele
die wünscht, hinfortzuschweben
möchte singen
möchte sein
möchte leben
möchte ein Dichter sein.

Worte sind die Melodie
die diese Wälder sanft erweckt
aus ihren Wald- und Wiesenträumen
in neues, lebendiges Leben.

Jedes Wort aus meiner Feder
haucht der Landschaft Leben ein
und ich merke
wenn ich dichte
so muss Leben sein.

Und ich spüre innerlich
dass im tiefsten Herzen ich
für solche Augenblicke lebe.

Viel zu oft sind wir gefangen
viel zu ängstlich
anzufangen
zu entfliehen aus den Ketten
der Gesellschaft dieser Zeit
dabei ist die nächste grüne Wiese
sicher nicht so weit.

Und auch deine Dichterseele
wünscht nun vielleicht, hinfortzuschweben
möchte singen
möchte sein
möchte leben
möchte auch Dichter sein.

Vorhänge zu, Licht aus

Manchmal
siehst du das Leben wie ein Schwarzweißfilm.
Fühlst dich in der Zeit zurückversetzt
und erlebst dich als Spielfigur
in deinem eigenen Film
in dem du gerade noch so eine Rolle spielst.

Du läufst die Straße entlang
und das Gras an den Rändern ist nicht grün.
Es ist schwarz.

Die Leute lächeln nicht
sie lachen.
Sie lachen dich aus.
Du willst flüchten
doch du kannst nicht heraus
es ist aus, denkst du.

Ich kann nicht mehr, denkst du.
Ich will nicht.
Ich kann nicht.
Ich …

Ehe du dich versiehst, bist du
zurück in deinem Schneckenhaus.
Vorhänge zu, Licht aus.
Ganz einfach.

Wenn sie lachen
musst du weinen
und wenn sie da sind, ist es dir ganz egal.

Wenn sie für dich da sind
ziehst du den Kopf ein
zurück in dein Schneckenhaus.
Ganz allein.
Allein willst du sein.
Es ist kein Ja zum Leben
es ist ein Nein.

Nicht aufgeben, sagen sie.
Du kannst es schaffen.
Wie könnte ich
denkst du.
Du denkst:
Ich könnte es nie.
Ich kämpfe
den Kampf des Lebens
ohne Waffen.

Wenn sie sagen, du sollst kämpfen
dann sagst du:
Ich kämpfe nicht
ich kapituliere.

Ich kämpfe
weil ich keine Kraft mehr zum Kämpfen habe.
Keine Kraft, mich selbst zu bekämpfen.
Ich habe keine Wahl.
Zu feige bin ich
um aufzugeben.

Der Kampf
eine Flucht nach vorn.
Jeder Tag
ein Weglaufen vor mir selbst
vor meinen Gefühlen.
Mit jedem Gedanken
entfernst du dich von dir selbst.

Ich kann nicht mehr, denkst du.
Ich will nicht.
Ich kann nicht.
Ich …

Ehe du dich versiehst, bist du
wieder in deinem Schneckenhaus.
Vorhänge zu, Licht aus.
Ganz einfach.

Sie sagen
sie verstehen dich.
Doch
verstehen sie gar nichts.
Wenn sie lachen
musst du weinen
und wenn sie da sind ist es dir ganz egal.
Wenn sie für dich da sind
ziehst du den Kopf ein
zurück in dein Schneckenhaus.

Ganz allein.
Allein willst du sein.
Es ist kein Ja zum Leben.
Es ist ein Nein.
Mit jedem Moment
hörst du auf zu glauben.

Gibst die Kontrolle über dein Leben
in die Hände des Schicksals.
Wirst zu einer Spielfigur in deinem eigenen Film
in dem du gerade noch so eine Rolle spielst.

Du läufst die Straße entlang
und das Gras an den Rändern ist nicht grün.
Es ist schwarz.

Die Leute lächeln nicht
sie lachen.
Sie lachen dich aus.
Du willst flüchten
doch du kannst nicht heraus
es ist aus, denkst du.

Ich kann nicht mehr, denkst du.
Ich will nicht.
Ich kann nicht.
Ich …

Ehe du dich versiehst, bist du
orientierungslos.

Ohne Stütze.
Ohne Halt.
Um dich herum
ist es dunkel.
Du irrst im Raum herum und verzweifelst.

Du bemerkst
dass du auf der Highway to Hell
nicht rechtzeitig abgebogen bist.
Aber es kann doch
es kann doch nicht
es kann doch
EINFACH NICHT ZU SPÄT SEIN!

Du legst den Rückwärtsgang ein.
Raus aus dem Chaos.
Nur noch raus
aus dem verdammten Schneckenhaus!!!

Ich kann nicht mehr, denkst du
Ich will nicht.
Ich kann nicht.
Ich …

Ehe du dich –

NEIN, DIESMAL NICHT!

Nein!
Denkst du.
Nein, nein, nein.
Es kann nicht schlimmer werden
ICH BIN SCHON GANZ UNTEN!
Tag um Tag kämpfst du gegen den Nebel
der deine Seele verfinstert.

Und dann
irgendwann
irgendwann beginnst du zu leben.

Ich will nicht mehr.
Nicht mehr das Leben schwarz-weiß sehen
sagst du.
Ich will nicht.
Ich kann nicht.
Ich …

Ehe du dich versiehst
ist da ein Lichtblick.
Du hast es geschafft.

Ja, du hast es geschafft.
Auch wenn du es
noch nicht ganz glauben kannst.

Und dann
ja dann siehst du das Leben in Farbe.
Fühlst dich ins Leben zurückgeholt
und erlebst dich als Regisseur
deines eigenen Films
in dem dein altes Ich
gerade noch so eine Rolle spielt.

Du läufst die Straße entlang
und das Gras an den Rändern ist nicht schwarz.
Es ist grün.
Die Leute lachen nicht
sie lächeln.
Sie lächeln dich an
und du willst atmen.
Die Luft der neuen Freiheit atmen.

Einatmen.
Ausatmen.
Und du bist frei.
Und es ist gar nicht so schwer.
Schon
weitest du den Blick
hinaus aus dem Schneckenhaus.
Es gibt nur eins
was du tun musst:
Vorhänge auf –

Und leben.
Ganz einfach!

Epilog

ANGST

Verlorene Träume

Diagnose: Angst.

Angst vor dem Leben.

Heute vor genau einem Jahr
war sie immer da.
Die Angst vor dem Kampf
und die Angst vor dem Leben.
Die Angst davor
mich diesem Leben
ergeben zu müssen
noch einen Tag mehr.

Der Kampf um das Leben
schien endlos, so sehr
dass längst schon ein Teil von mir
fest daran glaubte
dass jegliches Glück
das die Krankheit mir raubte
für immer verloren war.

Verloren für immer, verschwunden

so weg
dass es niemals mehr wiedergefunden
und ich für den Rest meiner traurigen Stunden
inmitten der Sonne
die Augen verbunden
durch's Leben stolpern würde.

Diagnose: Orientierungslosigkeit.
Wohin mit mir?

Ich packte die Koffer und stand vor der Klinik
mit tränenden Augen und zitternder Mimik
und dachte zurück an vergangene Jahre
verstrichene Zeit und verlorenes Leben.

Verlorene Träume, verschenkt und vergeben
vergessene Ziele, verzweifeltes Streben
nach dem, was die anderen nannten

Das Leben.

Ich kam in die Klinik und wusste nicht weiter.
Die Schlucht zwischen ihnen und mir
immer breiter
den Menschen da draußen
die weiter und weiter
ihr Leben lebten.

Und mir.

Und mir. Hier. Hier und jetzt, tief verletzt.
Tief verletzt und abgehetzt.

Abgehetzt.
Abgesetzt.
Ausgesetzt.

Und jetzt?

Vorausgesetzt, ich bleibe hier
was kommt dann?
Was mit mir?

Bleib ich dran?
Bleib ich hier?
Brech' ich ab?
Geh ich unter?

Komm' ich jemals wieder runter?
Komm' ich jemals wieder raus?

Wo mich Jahre reingeritten
wo Jahrzehnte ich bestritten

einen aussichtslosen Kampf.
Den David gegen Goliath

gegeben in der Grube
die mir das Schicksal hat gegraben

Und ich

fand keine Ruhe.

Diagnose: Chronische Selbstzweifel.
Kann ich das schaffen?

Irgendwann begriff ich
dass es nur noch diese eine letzte Chance gab.
Dass wenn ich's schaffen wollte
ich ab eben diesem Tag
musst' so lange kämpfen, bis niemand mehr fragt
warum ich so bin, wie ich bin.

Also nahm ich mich beim Wort
und versprach mir selbst
in einem Jahr um dieselbe Zeit
auf der anderen Seite des Lebens zu stehen.
Ich habe neulich einen meiner Tagebucheinträge
aus dieser Zeit gelesen.
Damals habe ich geschrieben:

„Wenn es ein Versprechen gibt
das ich mir selbst schuldig bin
dann ist es, diese Krankheit loszuwerden.
Und wenn ich irgendwo, irgendwo in mir
noch Energiereserven übrig habe, dann ist es
meine Pflicht, diesen Kampf zu gewinnen."

Heute vor einem Jahr fing ich damit an
dieses Versprechen einzulösen.

Da begann ich zu kämpfen, solang' bis ich siegte.
Solang' bis ich mich in das Leben verliebte
das ich sehr gut kannte und doch nie gelebt
nach dem ich mich sehnte, unentwegt.

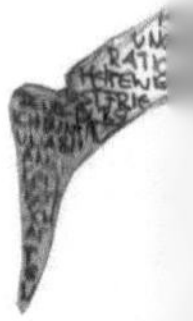

Diagnose: Kämpfernatur.
Ich kam, sah und strahlte vor Freude.

Es dauerte lange
und auch bin ich lang' noch nicht da
wo ich hin will am Ende der Reise.
Wie gut ist es also, dass glücklicherweise
der Weg mein Ziel geworden ist.

Ich schaute nach vorne
und nicht mehr nach hinten.
Voll Hoffnung, da vorn meine Zukunft zu finden.
Den Ort, wo sich Träume
und Wahrheit verbinden.
Zu einem, zu meinem Leben.

Ich habe damals mit mir selbst ausgemacht
dass nächstes Jahr alles anders werden würde
ich mich zurück trauen würde
auf die Bühne des Lebens.

Da bin ich, ich lebe
ich atme, ich stehe

hier oben und spreche als gehe
der Moment dieses Siegs
über Krankheit und Leiden
niemals vorüber.

Ich dichte, also bin ich.

Ich kann in meinem Tagebuch
jetzt ein Kapitel abschließen.

ich
dichte
also
ich
BIN

Fortsetzung folgt …

Diagnose: Große Heldin back on stage

"In meinem KOPF ist eine Gedankenautobahn
KREISEL
Dabei kann ich doch noch gar nicht Auto fahrn...
FRONTAL-LAPPEN WEST

Festungen, die einmal errichtet sind …

Sichtlich bemüht, die herabfallenden Mauersteine meiner bröckelnden Fassade wieder aufzusammeln, sitze ich auf einem weißen, bequemen Ledersessel. Kaum merklich gekrümmt, die Schultern leicht angezogen, um nicht mehr Platz im Raum einzunehmen als unbedingt erforderlich, erwidere ich die forschenden Blicke meiner Therapeutin.

Es gibt so viel, was in mir brodelt. Es ist kompliziert, denke ich, es ist schließlich ein ganzes Leben, denke ich, das mich geformt hat. Obwohl ich nicht weiß, wo ich anfangen soll, spüre ich den Drang, mir die Last vieler Jahre von der Seele zu reden.

Ich kann nicht sagen, wie oft ich schon so dagesessen und all das zurückgehalten habe.

Festungen, die einmal errichtet sind, reißt man nicht mal eben wieder ein. Das wussten die Ritter im Mittelalter ebenso gut wie ich. Um ins Innere zu gelangen, braucht es gute Argumente – oder schwere Bewaffnung. Letzteres hat sich in der Vergangenheit als ziemlich schädlich erwiesen.

Was die Ritter nämlich von mir unterscheidet, erklärt Frau B. mir, sichtlich erheitert über meinen Vergleich, ist, dass sie wussten, wer ihre Freunde und Feinde sind. Und sich selbst deshalb auch nicht ihrem eigenen Beschuss ausgesetzt haben.

Leuchtet ein. Ich beschließe, das als gutes Argument gelten zu lassen.

Einige schweigsame Minuten und einen tiefen Atemzug später fange ich also an, zu erzählen.
„Irgendwie …", platzt es aus mir heraus, „war ich schon immer anders …"

„Anders" war für mich nie eine Frage der Wahrnehmung. „Anders", so scheint es mir, ist eine Art, zu sein. Man ist es einfach. So wie ich. Dass ich irgendwie anders bin, habe ich schon sehr früh gemerkt. Im Kindergarten, als ich mich mit Blatt und Stift in die Malecke zurückzog, weil die anderen Kinder mich nicht mitspielen lassen wollten. Als die Erzieher mir wie so oft erklärten, dieses Spiel sei nur für die Großen, fühlte ich mich schon damals gekränkt und gedemütigt.

Es ist erstaunlich, wie sensibel ich bereits in so jungem Alter auf Zurückweisung und subjektiv empfundene Abwertung reagierte. Ich fühlte mich falsch wahrgenommen, ich fühlte mich unverstanden und ich fühlte mich anders. Vor allem fühlte ich mich anders.

Was für Außenstehende harmlos wirken mag, hinterlässt bis heute seelische Spuren. Was im Kleinen begann, zog sich durch meine gesamte Kindheit und Jugend, ohne dass ich einen Namen dafür hatte.

Ich wusste nicht, was es war und woher es rührte, aber ich fühlte mich immer wieder falsch. Falsch und anders. So vergingen die Jahre, ich wurde älter und das Gefühl wurde stärker.

Ohne dass ich es benennen konnte. Schwieriges Verhalten, Ausgrenzung und Mobbing in der Grundschule wurden gefolgt von zunehmender seelischer Belastung in der Gymnasialzeit.

Was andere mit Leichtigkeit zu meistern schienen, löste in mir eine kaum mit Worten zu beschreibende innere Unruhe aus, die sich aufstaute bis zum Höhepunkt der Unerträglichkeit. Es war, als führe man ein Leben unter einer Glaskuppel.

Durch eine unsichtbare Wand getrennt von der Gesellschaft, in der man lebt, und dennoch von ihr beeinflusst. Und das, seit ich denken konnte.

„Du denkst sehr viel.“, stellt meine Therapeutin fest. „Ja“, sage ich. „Das ist auch nicht immer schön“.

Nachdenklich notiert Frau B. etwas in meine Akte, bevor sie mir einen Augenblick später wieder ihre ganze Aufmerksamkeit schenkt.

„Interessant“, bemerkt sie, noch immer sichtlich in Gedanken und nickt zustimmend. Ich bin mir nicht sicher, was ich von dieser Art Therapeutenjargon halten soll.

„Interessant“ ist mir unheimlich, denn das kann alles heißen.

Irgendwie kann ich mir vorstellen, worauf Frau B. hinauswill, als sie weiter nachfragt, wie das denn bei mir so sei, das mit dem Denken, und währenddessen in den Tiefen meiner mittlerweile recht umfangreichen Patientenakte blättert.

„Intelligenz“, antworte ich, um ihrer Frage zuvorzukommen, „ist doch immer eine Frage der Definition“. Mit diesem Schachzug hat Frau B. natürlich schon gerechnet – Sie lehnt sich in ihrem Stuhl zurück und erwidert „Na dann definier‘ mal“.

Mist.

Damit habe ich nicht gerechnet. Eins zu null für sie. Ich bekomme eine Krise.

Für mich ist dieses Thema mindestens so sensibel, intim und brisant wie für andere ihr privates Beziehungsleben. Immer, wenn das Gespräch darauf kommt, werde ich verlegen und unruhig.

Die Gesellschaft lehrt uns schließlich, niemals den Anschein zu erwecken, wir könnten etwas besonders gut. Ich finde das ungerecht. Sportler werden für ihre Fähigkeiten bewundert. Ich bin eher unsportlich.

Wenn ich mich allerdings zum zehnten Mal in meiner eigenen Heimatstadt verlaufe, glaube ich ohnehin manchmal selbst nicht mehr so ganz an mein „Potenzial“. Aber das ist wohl etwas anderes.

Doch wirklich leichter gemacht hat das alles mein Leben nicht. Im Gegenteil. Man muss sich nur vorstellen, den ganzen Tag ununterbrochen seinen eigenen Gedanken ausgeliefert zu sein.

Und das sind sehr viele.

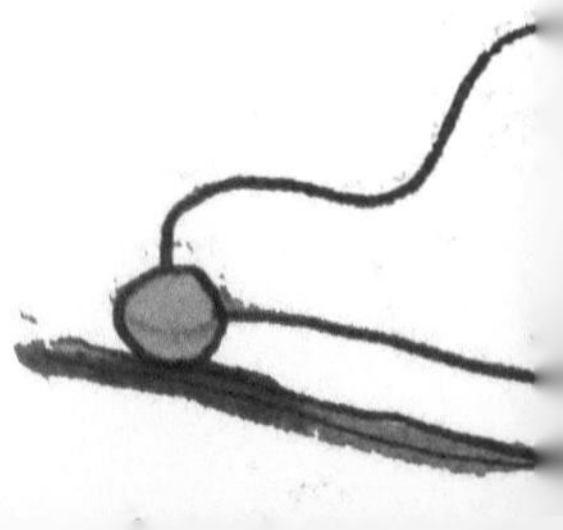

Vor allem sind sie manchmal sehr unangenehm. Mein Gehirn, so scheint mir, ist einfach viel zu gut im Diskutieren. Hat es sich einmal etwas in den Kopf gesetzt, bombardiert es mich mit verdammt guten Argumenten, die seine These unterstützen. Da ist es mitunter außerordentlich schwer, sich durchzusetzen. Meistens verliere ich gegen meinen Kopf.

Außerdem schafft Andersdenken Distanz. Ich habe oft das Gefühl, mich verstecken zu müssen.

Wenn jemand mich auf meine Leistungen anspricht, erwartet man, dass ich sage, die Prüfung sei ohnehin zu leicht gewesen oder ich hätte lediglich Glück gehabt. Immer wieder bemerke ich die Hoffnung der anderen, einen Makel zu finden. Hat sie vor der Klausur vielleicht nächtelang gelernt? Oder Nachhilfe genommen, um auch ja perfekt zu sein? Was ist mit Druck aus dem Elternhaus? Unmöglich, dass sie es einfach konnte.

Schade eigentlich, dass viele Menschen so eindimensional denken und so wenig Vertrauen in ihre eigenen Qualitäten haben.

Unsere Gesellschaft erscheint mir diesbezüglich ziemlich therapiebedürftig. Sollten die anderen nicht eigentlich wissen, wer sie sind und was sie ausmacht, und dass man den Wert eines Menschen weder in Leistungen bemessen noch an einer einzigen Eigenschaft, wie etwa Intelligenz oder Aussehen, festmachen kann?

Ich glaube nicht daran, dass ich den anderen irgendetwas voraus habe. Es gibt so viele Talente auf dieser Welt. Weit über sieben Milliarden Menschen mit ebenso vielen unterschiedlichen Persönlichkeiten und Begabungen. Die Welt ist so bunt, die Diversität so groß, und wir werden zum Schwarz-Weiß-Denken erzogen.

Schade …

Frau B. horcht auf. Sie wittert eine Spur. Kein Wunder, dass die junge Frau, die ihr da gegenüber sitzt, sich anders fühlt. Sie denkt und fühlt anders als die meisten. Als sie mir das sagt, habe ich nichts hinzuzufügen. Außer ein kleines „Aber ich bin ja gar nicht so besonders“. Da ist er wieder – der Zwang, mich anzupassen. Aber sie kennt das mittlerweile. „Stopp!“, ruft sie und zwinkert.

„Es ist ein Teil von dir“, fährt sie fort. „Und es gibt sicherlich sehr viele Menschen da draußen, die dich darum beneiden …“.

„Naja, ich beneide andere Menschen eher um ihr Normal-Sein …“.

Frau B. schreibt und schreibt und schreibt. „Aber ja, doch“, sage ich nachdenklich, „irgendwie haben Sie Recht, es ist ein Teil von mir“. Und auch sonst führe ich mit Sicherheit kein langweiliges Leben. Irgendwo hinter der Fassade schlägt das Herz einer Künstlerin.

Ich schreibe Gedichte, stelle mich damit auf Bühnen und wenn ich schreibe, bin ich ganz bei mir. Wenn ich so darüber nachdenke, bin ich schon ein bisschen verrückt.

Daraus ist aber in gewisser Hinsicht auch ein Leben der Extreme entstanden. Jeden Gedanken denke ich um ein paar zu viele Ecken, jedes Gefühl spüre ich ein kleines bisschen intensiver und jede Sorge ein kleines bisschen stärker als gut für mich wäre.

In jede Inspiration versinke ich ein kleines bisschen tiefer, so auch in jede Krise.

Was dabei herauskommt, ist ein ständiges Auf und Ab. Ein Wechsel zwischen Phasen der Kreativität und der darauffolgenden Identitätskrise.

Ich neige zu Euphorie und großen Visionen, doch Alltag und Routine entwickeln sich schnell zu Momenten der Krise. Aber den meisten Menschen scheint eben diese Routine, diese Regelmäßigkeit, als stabilisierende Konstante zu dienen.

Das ist wohl der Preis, den man zahlt. Immer wieder mit sich selbst kämpfen, das ist hart, aber vielleicht eine Folge des Lebens jenseits der Norm.

Das ich mir zu keinem Zeitpunkt aussuchen konnte, und das ich dennoch zu lieben gelernt habe.

„Beeindruckende Analyse“, sagt Frau B. anerkennend und sachlich zugleich.

Manchmal bezeichnet meine Therapeutin mich als „Freigeist“ oder „Freidenkerin“. Das gefällt mir irgendwie. Es ist kreativ und nicht wertend. Es fühlt sich nach mir an.

„Allerdings habe ich noch eine Frage“. Oh. Also doch. Ich schaue sie erwartungsvoll und doch etwas ängstlich an. „Na, da muss doch aber noch etwas anderes sein. Wenn man deine Patientenakte liest, dann deutet das ja doch alles so ein bisschen in eine bestimmte Richtung …“.

Ach so. Das meint sie. Wie konnte ich das vergessen? Natürlich, das ist wichtig, um das Puzzle zusammensetzen zu können. Andere kommen schließlich auch zurecht.

Das Gefühl des Andersseins, der Langeweile und der Zwangsanpassung, das kennen mit Sicherheit viele Menschen.

Aber der Umgang damit, die Stärke dieser Gefühle, meine Reaktion darauf, das alles hat noch einen anderen Grund. Den konnte ich lange Zeit nicht benennen. Ich war noch nie besonders gut darin, Emotionen zurückzuhalten. Bin immer schon schnell impulsiv geworden und stellte mein Umfeld mit Gefühlsausbrüchen aller Art auf eine harte Belastungsprobe.

Aber wer denkt da schon sofort an eine handfeste Ursache, die beim Namen genannt werden kann?

Es war nicht leicht, zu verstehen, dass ich mich nicht einfach nur zu wenig anstrenge.

Dass ich krank bin. Das hat lange niemand verstanden. Egal, was ich hatte, ein kurzer flüchtiger Blick genügte, um mir Unterforderung zu diagnostizieren. Der Gedanke, dass ich noch durch andere Faktoren definiert sein könnte, kam dabei leider niemandem.

Es ist mir wichtig, nicht von Schuld zu sprechen. Sicherlich sind viele Dinge nicht gut gelaufen, und vielleicht hätte es anders kommen können.

Aber so, wie es gekommen ist, ist es eben passiert, und alle Beteiligten wollten zu jedem Zeitpunkt nur das Beste für mich.

Dazu kam, dass es keinen Grund gab, der eine emotionale Belastung objektiv hätte begründen können. Schließlich schien mein Leben auf den ersten Blick perfekt. So vermutete auch ich selbst hinter meinen Schwierigkeiten lange keine tiefere Ursache.

Die Probleme anderer Menschen schienen größer, und meine eigenen erschienen mir eingebildet und klein.

So vergingen die Jahre, und immer weniger fühlte ich mich als ein Mensch von dieser Welt. Dennoch gelang es mir für lange Zeit erschreckend gut, das zu verbergen.

Niemand durfte merken, was da in mir los war.

Dass das schon lange nicht mehr funktionierte, merkte ich erst, als ich schon zu tief in den Fängen der Krankheit steckte, um mich aus eigener Kraft zu befreien. Ich lebte mein Leben, die anderen lebten ihres, und wir verstanden einander nicht.

In der Schule nicht, in meinem Freundeskreis nicht, und auch zuhause immer weniger. Und so gingen die Jahre ins Land, aus mir wurde eine strebsame und über die Maßen perfektionistische Jugendliche, bis ich mit 16 Jahren nicht mehr konnte.

„Du sprichst darüber aber ganz schön reflektiert", bemerkt Frau B. und schaut mich forschend an.

„Ich habe den Eindruck, mir gegenüber sitzt eine junge Frau, die ziemlich genau weiß, wer sie ist. Wie ist denn aus der verzweifelten, selbstunsicheren Jugendlichen diese junge Erwachsene geworden?".

Ich brauche eine Weile, bis ich ihr antworten kann. Erst, als es mir gelungen ist, ihr Kompliment zu verarbeiten und anzunehmen, sage ich: „Naja, irgendwann kam der Wendepunkt".

Dieser kam, als ich 16 Jahre alt war. Mein Geschichtslehrer hat mal gesagt: „Der Lauf der Geschichte entscheidet sich meistens am Höhepunkt der Krise. Entweder es wird alles gut – oder alles ist verloren".

So war es auch bei mir.

Irgendwann war mir alles egal. Ich war so verzweifelt, dass alles gleichgültig wurde. Ich merkte, dass ich nicht mehr konnte, und ich konnte zusehen, wie mir alles entglitt, wie mir die Zügel aus den Händen glitten und ich ins Bodenlose stürzte.

Der Wendepunkt kam, als ich es nicht mehr schaffte, mich zu verstellen.

Einige meiner Lehrer waren es, die die Sache schließlich in die Hand nahmen und durch Krisengespräche mit allen Beteiligten dafür sorgten, dass mir geholfen wurde. Mittlerweile war ich an einem Punkt angekommen, wo ich alles annahm, was helfen könnte, so unerträglich war die Situation.

Sechs Wochen lang stand ich auf der Warteliste der Kinder- und Jugendpsychiatrie, bis ich mich schließlich Anfang 2018 mit gepackten Koffern vor der Klinik wiederfand. Und mit dem Schritt durch diese Tür machte ich auch den ersten Schritt zurück ins Leben.

Heute würde ich diese zwei Monate in der Klinik als die vielleicht anstrengendste Zeit meines Lebens beschreiben. Nicht nur für mich, sondern vor allem auch für meine Familie.

Aber auch als die wichtigste Zeit.

Eine Auszeit, eine Zeit der Selbstfindung, der Konfrontation mit meinen eigenen Fehlern und Schwächen und einer späten Diagnose: ADHS.

Warte …

ADHS?

Obwohl ich schon oft davon gehört hatte, kam diese Information vollkommen unerwartet. „Modediagnose", heißt es dazu oft im Fernsehen. „Ich bin doch kein schlecht erzogener Zappelphilipp", dachte ich. Und in der Schule lief es schließlich auch.

Damals wusste ich nicht, was sich wirklich hinter dem Begriff verbirgt. Aus dem, was ich in den darauffolgenden Wochen und Monaten nicht nur über ADHS, sondern auch über sich hartnäckig haltende Vorurteile lernte, ist später ein Gedicht entstanden, das aufklären soll. Denn es gibt auf diesem Gebiet großen Nachholbedarf. ADHS ist kein neuartiges Modewort. Sicherlich muss man mit einer solchen Diagnose vorsichtig sein, denn nicht jeder, der manchmal unkonzentriert oder „schwierig" ist, hat gleich ein Aufmerksamkeitsdefizitsyndrom.

Das Problem: Chaos im Kopf kann man nicht sehen. Aber echte Betroffene wissen, wie es sich anfühlt. Ein bisschen ist es wie ein Wackelkontakt im Kopf.

Die Impulsregulation funktioniert nicht. Man ist leicht ablenkbar und die häufige Reizüberflutung führt zu einem regelmäßigen Systemabsturz.

Neurotransmitter außer Kontrolle – gar nicht so leicht zu verstehen.

Mit der Diagnose kam die Besserung.

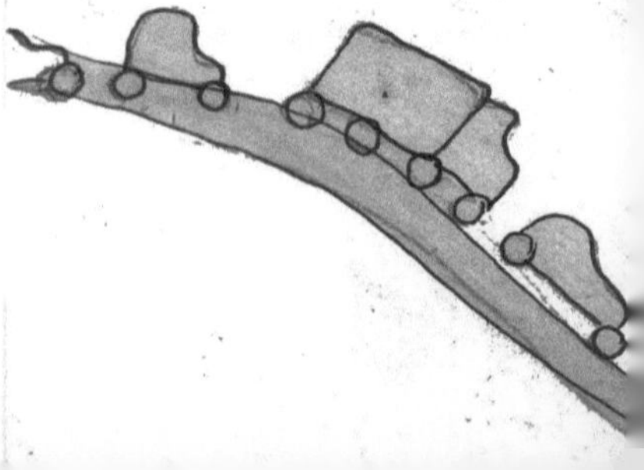

Ich lernte, mich selbst zu verstehen und mein „innerer Therapeut" genoss beste Ausbildung im Selbstcoaching. Viele Stunden Verhaltenstherapie, Kunst- und Ergotherapie halfen mir dabei, mich selbst neu kennen zu lernen.

Ich entdeckte meine soziale und meine kreative Seite und gab meinem Leben einen neuen Sinn. Ich verstand, was für mich wirklich zählt im Leben, und entwickelte eine Idee von den Werten, die mich ausmachen. Nicht zuletzt traf ich auf viele wundervolle Menschen, die mich verstanden und mit denen ich den gleichen Erfahrungshorizont teilte. Darunter auch meine Freundin Lea.

Ich glaube, durch sie habe ich ein Stück weit verstanden, was Freundschaft alles bedeuten kann.

Es kann bedeuten, kilometerweit voneinander entfernt zu sein und doch das Gleiche zu denken. Sich ohne Worte zu verstehen und trotzdem stundenlang zu telefonieren. Mutlos zu sein – und doch miteinander zu lachen.

Ich kam in die Klinik als ein Mädchen, das keinen Platz im Leben zu haben glaubte. Und ich ging als ein innerlich um Monate, vielleicht sogar Jahre gereifter und gefestigter junger Mensch, der noch immer einen Weg vor sich hatte, aber vor allem eines wusste: „Was ich im Leben erreichen möchte, ist, für andere Menschen da zu sein, meine verrückte Seite auszuleben und meine Ziele zu verwirklichen – egal, was andere sagen!".

Das ist ein Prozess, der noch lange nicht abgeschlossen ist. Und so kam ich zum Poetry Slam.

Dinge aussprechen ist mir wichtig. Es gibt so viele Menschen da draußen, die Botschaften haben.

Viele behalten sie für sich. Aber für mich ist das nicht der richtige Weg.

Ich wünsche mir mehr Offenheit und weniger Tabus. Ich wünsche mir, dass die Gesellschaft offener wird für alle Facetten des Menschseins. Und wenn man möchte, dass sich etwas verändert, muss man immer bei sich selber anfangen. Den ersten Schritt machen. Deshalb mache ich Poetry Slam.

Deshalb erzähle ich nicht nur von der Sonnenseite des Lebens. Und ich möchte andere Menschen gerne dazu ermutigen, es mir gleichzutun. Ich bin ich, und ich stehe dazu. Das darf und soll jeder wissen.

„Du kannst stolz auf dich sein", sagt Frau B. und legt ihre Notizen zur Seite.

Die sind gerade nicht wichtig. Denn zum ersten Mal schaue ich sie an und sage aus tiefstem Herzen und ohne zu zögern:

„Ja, das bin ich!".

PS: Festungen, die einmal errichtet sind, reißt man nicht mal eben wieder ein. Das wussten die Ritter im Mittelalter ebenso gut wie ich.

Aber ich habe es geschafft, und genieße jetzt die so viel klarere Sicht.

Traum(a)

2007

Kleines Mädchen, große Träume
endlos weite Lebensräume
liegt sie da und schaut den Wolken
beim Vorüberziehen zu.

Schreibt Geschichten in den Himmel
flüstert Worte in den Wind
träumt von fliegenden Gedanken
die für immer ihre sind.

So ist die Welt aus Kinderaugen
märchenhaft poetisch, und
die Welt der Dinge so entfernt
und ganz rein theoretisch

ist die Welt ein Ort zum Leben.

2010

Sie ist so leer will nur noch laufen
ist so leer fühlt sich so schwer
sie ist so leer sie fühlt sich schuldig
ist so leer sie kann nicht mehr.

Weil er ihr nicht glaubt.
Und sie.
Und er.

Sie alle sagen, sie sei das gewesen
mit dem allerersten Tritt
und sie fragen, welcher Teufel
sie denn nun schon wieder ritt.

Und mit einem harten Schlag
fühlt sie sich wieder wie am ersten Tag.
Kaum gekommen, schon verurteilt
weil ja niemand Streber mag.

Sie nennen sie das Wunderkind
ihren Kopf ihr Potenzial
doch der Madame Intelligence
der ist das ganz egal.

Denn hochbegabt und tiefgestapelt
lernt sie schon von Anfang an
dass man als Gewinnertyp
über Talente schweigen kann.

Und muss.

2015

Meistens ist sie unauffällig.
Meistens fällt sie gar nicht auf.
Doch manchmal ist sie ungehalten
regt sich einfach auf.

Warum soll sie das jetzt lernen?
Ist doch eigentlich ganz leicht!

Will man sie für dumm verkaufen
oder ist vielleicht
doch alles ihre Schuld?

Meistens schreibt sie gute Noten.
Meistens ist es eine Eins.
Manchmal aber ist's auch
bei dem „Wunderkind" mal eine Zwei.

Und schon zerplatzen ihre Träume
endlos weite Lebensräume
schnüren ihr die Kehle ab
bis sie ins Leere fällt.

Und nein, sie ist nicht einfach kritisch
sie ist wirklich richtig krank.
Während and're Kinder spielen
sitzt sie einsam auf der Bank.

Erinnert sich an früher
als sie immer alle Streber nannten
und während sie so lachten
träumte sie von fliegenden Gedanken.

Und jetzt
sind dunkle Wolken der Wahrheit
am rosaroten Himmel.

2016

2017

2018

Großes Mädchen, keine Träume
kühl-sterile Klinikräume
liegt sie da und schaut den Stunden
beim Vorübergehen zu.

Schreibt Geschichten an die Decke
flüstert Worte in den Raum
der Traum von fliegenden Gedanken
er bleibt doch nur ein Traum.

Die Therapie raubt ihr die Nerven
trotzdem will sie weitermachen.
Immer auf der Suche nach dem
längst verlor'nen Kinderlachen.

Solche Sachen gibt es nicht
in ihrem Andersweltlerleben
denn sie weiß ja, sie ist nicht
normal, so ist es eben.

Sie ist anders, denn ihr Kopf ist
nicht so ganz normal gestrickt.
Von allen Schaltkreisfehlern hat
sie den chaotischsten gepickt.

Der kreative Chaoskopf.
Unzweifelhaft ADHS
stellen Ärzte wenig später
mit Erstaunen fest.

Der Test hat es gezeigt.
Talentiert, aber neigt zur Extase.

2019

Es ist nicht nur eine Phase, Hase
sage ich, wenn man mich heute fragt
ob eben die Phase
irgendwann vorübergeht.

Diese Phase ist mein Leben.
Und niemand hat das Recht
darüber zu urteilen.
Schlau sein, chaotisch, verpeilt.
Wer hat dir die Erlaubnis zur Wertung erteilt?

Großes Mädchen, noch größere Träume
endlos weite Lebensräume
lieg' ich da und schau' den Wolken
beim Vorüberziehen zu.

Schreib' Geschichten in den Himmel
flüst're Worte in den Wind
träum' von fliegenden Gedanken
die für immer meine sind.

So ist die Welt aus Dichteraugen
märchenhaft poetisch
und die Welt der Dinge so entfernt.
Und ganz rein theoretisch
und praktisch
ist die Welt wohl doch
ein ganz guter Ort zum Leben.

edition Wort

ist auf »Junge & Neue« Autor*innen und Künstler *innen ausgerichtet und fördert diese durch Veröffentlichungen und entsprechende Veranstaltungen.

Der Verlag unterstützt das Aktionsbündnis für faire Verlage.

Ausführliche Informationen finden Sie unter:
www.editionwortverlag.com
www.editionwort-verlag.de.

Poetry Slam

sinngemäß mit »Dichterwettstreit« übersetzt, entstand in den 90er Jahren durch den Autor Marc Kelly Smith in Chicago.

In Deutschland finden regelmäßig mehr als 300 Poetry Slams statt. Die einzelnen Autoren stehen im Wettbewerb und das Publikum entscheidet über den »Sieger«. Alle literarischen Formen und Genres sind beim Poetry Slam erlaubt und es ist ein Event der Gemeinschaftlichkeit. Der Poetry Slam ist bis heute eine junggebliebene Weise des literarischen Vortrags von jungen und älteren Autoren.

Im Jahr 2017 wurde der Poetry Slam in das »Verzeichnis des immateriellen Kulturerbes« der UNESCO aufgenommen. Es finden Stadt- Regional- und Landesmeisterschaften statt.

Der Poetry Slam in der Stadt Trier wird seit 2003 vom »**Kultur Raum Trier e.V.**« veranstaltet und ist somit einer der ältesten Poetry Slams in Deutschland.

Ausführliche Informationen finden Sie unter:
www.kulturraumtrier.de

eW